AF372948

www.ingramcontent.com/pod-product-compliance
Lightning Source LLC
Chambersburg PA
CBHW050613160726
48003CB00003B/1170

* 9 7 8 9 7 7 8 8 3 7 7 9 7 *

صحي النوم

الباقي يستاهل

صحى النوم الباقي يستاهل	:	كتاب
هند مدبولي	:	اسم المؤلف
خواطر	:	نوع العمل
63	:	عدد الصفحات
هبه ابراهيم	:	غلاف
سارة الببلاوي	:	تدقيق لغوي
بدر صبحى	:	إخراج فني
2024/30389	:	رقم إيداع
978-977-8837-79-7	:	رقم دولى I.S.B.N

نبض القمة للترجمة

جمهورية مصر العربية - القاهرة

مدير الدار: أ/ وليد عاطف حسني

موبايل: 01116058384

الميل: nabdalqima@gmail.com

صحي النوم

الباقي يستاهل

هند مدبولي

المقدمة

إذا كان قد قدر لك أن تقرأ كلماتي، ويكون كتابي الآن بين يديك، فأتمنى أن يغير هذا الكتاب بك أشياءً كثيرة وليس شيئًا واحد.

في زمن التقدم المخيف، وزمن إضاعة الوقت المرعب، ألا تشعر بأن عمرك قد سرق دون أن تشعر، دون أن تفعل شيئًا مفيد، دون أن تترك أثر، إذا كانت إجابتك بـ "لا" فأنا أهنئك، وتأكد بأنك ستستفيد أيضًا من هذا الكتاب.

وإن كانت بـ "نعم" فحاول جاهدًا أن تنقذ ما يمكن إنقاذه.

إهداء

إلى التائهين في هذه الحياة...

المتخبطين...

الذين يبحثون عن هدف للعيش من أجله، الذين يرددون دائمًا " لماذا نحن نعيش؟".

إلى كل حالم في هذه الحياة، إلى كل صاحب هدف، إلى كل صاحب فكرة يبحث بشتى الطرق عن تحقيقها..

إلى كل من يردد إن حلمي مستحيل.

احلموا، واسعوا، واصبروا على تحقيق أحلامكم.

لقد كان من ضمن قائمة أحلامي

أن يكون كتابي بين أيادي لا أعرفها، أن تقرأ كلماتي من عيون لا أرها

وقد تحقق...

لماذا نحن نعيش؟

بحثت كثيرًا، وفكرت أكثر.

عندما كنت أتخبط في الحياة، وأتعرض لليأس أحيانًا قليلة...

أرجع لشغفي في أكثر الأوقات، وأتسأل بيني وبين نفسي.

لماذا نحن نعيش؟

إلا إن يومًا ما كنت أقرأ وردي من القرآن الكريم، فوجدت الإجابة بكل سهولة، ووجدت أننا من نصعب الحياة على أنفسنا كثيرًا، ونعطيها أكبر من حجمها الحقيقي، ووجدت الإجابة منذ زمن بعيد، وقد مرت أمامي عدة مرات، ولكن عندما يكون هناك ران على قلبك لا تراها، حتى وإن جلست كل عمرك تقرأها إلى أن يشاء الله.

(وما خلقت الجن والإنس إلا ليعبدون).

إجابة سؤال لماذا نحن نعيش؟

(وما خلقت الإنس والجن إلا ليعبدون)

لكن ما المعنى الصحيح لها؟ هل معناها (صلاة، صيام، عمرة، حج، ذكر، قراءة القرآن).

إطلاقًا، فقد حصروا لنا مفهوم العبادة في هؤلاء، فقط ظن منهم أن نفعلهم وننسى معنى آخر هؤلاء مُسلَّمات، لكن لا تنسوا أن ترك أثر في هذه الحياة عبادة.

العمل والسعي لتحقيق الهدف من أعظم العبادات.

أن يكون لك هدف عبادة.

كل ما هو استمتاع بالحياة عبادة.

نحن من نلوث الحياة بالمعاصي بأفعالنا، فالحياة جميلة جدًّا، ومريحة جدًّا إذا ربطنا كل شيء وكل فعل وكل هدف بـ الله.

لذلك هل وصلتوا معي لماذا نحن نعيش؟

أعلنوا حب أنفسكم

أنا أعشق ذاتي جدًا

أحب تصرفاتي

أحب نفسي بكل تفاصيلها

تحبى نفسك! كيف تحبي نفسك؟

خدعونا فجعلوها تهمة.....

جعلونا ندافع عن حبنا لنفسنا

وما المشكلة أن تحبي نفسك وتعشقيها وأن تكوني بنفسك متيمة؟!

طالما إن حب النفس لم يأتي علي حقوق الآخرين، طالما أنه لا يؤذي أحد ما المشكلة إذًا؟

حب نفسك ولا تتنازلي عن حقوق نفسك

إلى من يقرأ كلماتي

أدعوكم أن تهتموا بأنفسكم، وأن تعطوا وقت لها.

أذهب في أحسن الأماكن مع نفسك، أشرب مشروبك المفضل مع نفسك، أعطِ وقت لنفسك، وتذكر..

نفسك هي أغلى ما عندك، وتذكر أن تضع هدف للعيش من أجله، ضع هذه الجملة أمام عينك ما دمت حيًا.

لا تكونوا نسخ مكررة

عندما يكون هناك هدف عليكم أن تسعوا من أجله، فإذا كان لديكم مشروعكم الخاص، لديكم قائمة مهام تريدون إنجازها، ستشعرون حينها بقيمة أنفسكم، وبأنكم أشخاص مختلفة لا تشبه الآخرين.

حققوا أحلامكم بطريقة مختلفة عن الآخرين أضيفوا لمستكم

أضيفوا طابعكم الخاص

لا تكونوا نسخة مكررة من الآخرين

ليست أنانية أبدِا

كن عادلًا لا تحترق من أجل الآخرين، فعندما تعطي حق نفسك، ستستطيع أن تعطي حقوق الآخرين بنفس هادئة مطمئنة، لكن عندما تحترق من أجل الآخرين، فأنت تحرق الآخرين معاك دون أن تشعر، ومع الضغط على نفسك، وحرمان نفسك من كل الأشياء لأجل الآخرين، ستجد نفسك دائمًا في حالة من الضيق على الآخرين وعصبية غير مبررة، ولو بحثت ستجد السبب هو أنك تحترق من أجلهم، ولكن في الحقيقة أنت تظلمهم.

القيود الكاذبة

هناك جملة نعرفها جميعًا

(من أراد يستطيع)

وأضف عليها ليس كل من أرد من أرد حقًا فقط هو من يستطيع، أما الكاذب هو من يتحجج بالقيود الكاذبة، تريد أن يصبح لديك عمل خاص، تستطيع لا تتحجج بالمال، فهناك من بدأ بأقل مبلغ واستطاع أن يحقق نجاح كبير، وتستطيع أن تبحث عنهم عن طريق جوالك الذي لم تتركه من يديك، فلا تتحجج بالوقت داخل يومك أوقات تهدر في التفاهات أعد حساباتك، ولا تتحجج بالمكان، فهناك من بدأ من بيته

لا تتحجج بـ.....

لا تتحجج بـ.....

لا تتحجج بـ.....

تستطيع أن تحقق ما تريد أيًا كان، فقط كن مؤمن بحلمك واسعى، ولا تحجج بالقيود الكاذبة.

تريد...

أو

لا تريد...

لا قيود إنها القيود الكاذبة

أغلق أذنيك وأمضي

نحن لا نستطيع أن نغلق أفواه الآخرين

تعريف الآخرين هنا:

المشوهين من الداخل، أصحاب النقد الهدام، أصحاب القلوب السوداء، أصحاب الرأي المدمر.

إذا كنت صاحب هدف، صاحب فكرة، صاحب مشروع تريد أن تبدأ في أي شيء

أنصحك إبدأ ولا تخف، واستعن بالله فقط، وسيوفقك إذا كان فيه خير.

وتذكر هذه الكلمات ما دمت حيًا

من أراد نقدك وكان قلبه به خير، سينتقدك بينك وبينه.

ومن أراد نقدك على الملا، وركز على القصور عندك، وأغلق عيناه عن الجميل الذي لديك

فاغلق اذنيك وامضي واكمل طريقك فما اكثرهم وما اقل الاخرين

تعريف الآخرين هنا:

أصحاب القلوب السليمة، أصحاب النقد البناء، أصحاب الانفس السوية.

لذا أغلق أذنيك وأمضي

نحن حقًا غافلون

إن أكثر ما يخيف في هذه الدنيا حقًا هو استشعار وجود رقيب وعتيد فوق كتف كل منا.

هل جربت يومًا ما قبل أن تبدأ في الحديث مع أي شخص استشعار وجودهم عندما تتحدث في أي شيء ومع أي شخص؟

جرب هذا.

عندما تتيقن حقًا أن حتى الحرف الذي تنطق به يُسجل وستُحاسب عليه، حينئذ ستشعر بشعور مخيف جدًا جدًا.

في ذلك الوقت فقط، ستحب الصمت وستكره الحديث في أي شيء، وستدرك تفاهة هذه الدنيا، وتفاهة الحديث في أي شيء عدا ذكر الله.

وستعلم أن الجميع شاءوا أم أبوا مقبلين على أمر عظيم، ولكن حقًا...

نحن عنه غافلون.

عشق الموتى

نحن شعب نعشق الموت، بل ونقدس الموتى، يموت الشخص اليوم، نبكي عليه، ونحبه ونخلد ذكره...

ونذكر جميع محاسنه، بينما كان بالأمس حيًّا تكون أمامنا جميع عيوبه...

شعب عجيب، يقدرون الأحياء. كلمة طيبة عندما يكون الشخص على قيد الحياة، خيرٌ من ألف جملة تقديس له بعد الموت...

لا تقدسوا الموتى. من قال إنهم يشعرون بتقديسكم؟ من قال إنهم يشعرون بحبكم لهم بعد الموت؟ من قال هذا؟

هل تعرفون ما هو الشيء الأكثر مأساوية من تقديس الموت؟ هو أنهم عندما كانوا أحياء كنا نتفنن في عدم تقديرهم.

كنا نتفنن في إهمالهم بحجج واهية تخدعنا الحياة، فتقنعنا بأنه هناك أشياء أهم منهم، ثم نكتشف بعد موتهم أنهم كانوا الأهم، أو ربما نكتشف أنهم كانوا الحياة، وماذا يفيد تقديس الموتى بعد موتهم؟ قد تكون ثقافة أمة مثلًا... أن تعرف قيمة الشيء بعد أن تفقده، أو تعرف قيمة الأشياء جيدًا، ولكنك تظن أنك لن تفقدها.

لذا، فنحن نعرف قيمة الأحياء بعد أن يصبحوا أمواتاً.

نصيحة...

قدّسوا الأحياء الذين يستحقون ذلك.

ضعوا الموت أمام أعينكم.

واعطوا كل ذي حق حقه.

واحذروا أن تأخذوا من حق هذا لحق ذاك.

وتذكروا أن الموت ليس مكتوبًا على كبار السن فحسب...

وإنما لكل أجلٍ كتابٌ ليس معلومًا لنا، لذا اعطوا الاهتمام والمحبة والتقدير بالعدل، وليس من منظور فهمكم أنتم.

أسعد لحظة

أسعد لحظة هي عندما تجد من حولك مصرين على المعاصي، وأنت قادر على فعل مثلهم، لكنك تتذكر وجود الله فتثبت على عدم فعلها، وأنت في قمة السعادة والرضا، ثم تذهب إلى البيت وتجلس مع الله، إنها الجلسة الأقرب إلى قلبي.

تتحدث معه وتقول:

- لم أفعل ذلك لأني أحبك.

ثم يأتي في ذهنك وتقول:

- أنا لا أفعل ذلك بإرادتي، لأنه أحبني، خلق بداخلي شعور كرهي للمعصية.

في تلك اللحظة تشعر حقًا بأنها أسعد لحظة، وهي أن الله أحبك.

اللهم ارزقنا حبك، اللهم يا مقلب القلوب، ثبت قلوبنا على دينك.

لقد صدق زوجي

كنت أتصفح ذات يوم الفيسبوك، فقال لي زوجي:

- ماذا تفعلين؟

قلت له:

- أتصفح فيسبوك وبعض مواقع السوشيال ميديا، ومواقع التواصل الاجتماعي.

فقال لي:

- إنها ليست مواقع تواصل اجتماعي، بل إنها نفاق اجتماعي، وسكت.

لم أعطِ لجملته قدرها في ذلك الوقت، ومضت أيام وشهور حتى تذكرتها، عندما وجدت اثنين لا يطيقان بعضهما في الحقيقة، وفي التعليقات... تجدهم أحب الأحباب... ما هذا؟ أليست هذه التي كانت بالأمس تسب في هذه... وتلعن تصرفاتها؟ وهذه التي تملأ صفحتها بالعفو والصفح وتذكرنا بالدين... هي في الحقيقة تقاطع هذا وتسب وتشتم ذاك...

تعمقوا أكثر في مواقع التواصل الاجتماعي لتعرفوا أنها مواقع نفاق اجتماعي...

لقد صدق زوجي.

لا تساعدوا أشباه الرجال.

يطالبون المرأة بالإنفاق على البيت حتى تستمر الحياة الزوجية، وهناك فرق كبير بين إمرأة تساعد في الإنفاق لأن زوجها يبذل أقصى ما عنده، والظروف أقوى منه، فتقرر المرأة مساعدته ماديًا، وهو يرفض وكاره لذلك ويحاول ويبذل أقصى ما عنده حتى يكفي بيته، لأن هذا واجبه، وبين رجل يريد أن يأخذ من زوجته حتى تخفف عنه حمل الحياة المادي، وأن تشقى معه كما يشقى، وهو يعرف جيدًا أن طبيعة المرأة تختلف عن الرجل في التحمل، ولكنه يتعمد أن يشقيها، ويتلذذ برؤيتها في شقاء بحجة المساعدة بين الزوجين.

لا تساعدوا أشباه الرجال ليصبحوا رجالًا على حساب أنفسكم.

الندم لا يعيد شيئًا

أن تستطيعي اقتطاع وقت وسط هذا الصخب من اليوم...

وسط مسؤوليات الزوج.

وسط مسؤوليات البيت.

متطلبات الأولاد.

متطلبات الحياة.

التي لا تنتهي، وتظل تقضي عمرك وراءها.

لم يكن الأمر بهذه السهولة...

لكنه حدث

واستطعت أن أقتطع وقتًا لنفسي

لشغفي ولما أحب وما أريد.

بعدما كنت أنا المسؤولة عن كل المسؤوليات، جعلتهم يشاركون معي في مسؤولياتهم...

بعدما كنت أعيش لهم....

أصبحت أعيش معهم....

وشتان بين الأمرين...

اقتطعوا وقتًا لأنفسكم...

فالعمر يمر والوقت يسرق...

والندم لا يعيد شيئًا.

هو المكار.

لم أرَ أبداً، أبداً في حياتي...

شخصاً يكيد ويمكر...

ويريد السوء بشخص ما...

أو يريد أن يجعل شخصاً آخر...

يشعر أنه مُكاد لها...

إلا وكان هذا التدبير والمكر الذي يمكره

هذا الشخص...

سبباً في ضيق وكرب له...

مهما مرت الأيام بل والسنين، إلا ورأيت ذلك بعيني، رأيته مرات، ومرات.. ومرات...

إلى أن أيقنت، وأصبح اليقين بداخل عقلي وقلبي، وجعلني أقول لكم بكل ثقة وتأكيد:

إذا رأيت شخصاً ما...

يكيد ويمكر ويدبر.....

لشخص آخر...

أو يريد أن يجعله يشعر بالغيظ مثلاً، ولو لدقائق، فكن على يقين أن الموازين كلها ستقلب على الشخص الماكر الكائد، ولو بعد حين، ليكون هو المكيد.

إجازة عقلية

فليست الإجازة راحة الجسم المنهك، بل الإجازة الحقيقية هي راحة العقل المنهك، الاسترخاء والراحة يبدأن من العقل وليس العكس...

الإجازة العقلية هي الإجازة الحقيقية، سوف أخبركم كيف تحصلون عليها؟ ومكانها... وثمنها...

إنها ليست في الساحل...

ولا في باريس...

السر في الوقت وليس المكان...

المكان ليس ضروريًا أبدًا...

في أي مكان كان... وثمنها غالٍ جدًا...

ولكن قد يقدر عليها فقير مالي...

ولا يقدر عليها صاحب قصر...

الإجازة العقلية هي...

قبل الفجر بساعة إلى طلوع الفجر، إنها الإجازة الحقيقية، إجازة لعقلك هناك في ذلك الوقت، والله إنها مشاعر لا تكتب، ولا تترجم، راحة من الشتات لا توصف.

قد تسافر إلى أجمل بقاع الأرض وتبقى شاردًا مشتتًا منهكًا عقليًا، وقد تجلس في الشارع، لكن ذهنك صافي ولا تشعر بالشتات، حاول أن تحصل على هذه الإجازة، إنها هي الإجازة الحقيقية، ولكن لن يفوز بها إلا القليل، كن منهم ولن تندم...

الحضن الأقوى على الإطلاق

هناك فرق كبير..

كبير كالفارق بين مكان تواجدي الآن والمكان الذي أنت فيه أيها القارئ.....

بين طفل تربى بالضرب والعنف.....

وطفل تربى بالحضن والحب.....

فرق كبير عندما يقولون.....

أبناؤك سمعًا وطاعة.....

لأنهم يشعرون بالرعب والخوف من العقاب، وعندما يقولون حاضر...

لأنهم يخافون أن يفتقدوا الحضن أو الحب...

احضنوا أولادكم، الحضن الأقوى على الإطلاق والحضن الأطول...

هو حضن قبل النوم في نهاية اليوم...

عودوا أولادكم على الأحضان.....

حتى يصبح عقابهم هو عدم الحضن قبل النوم، فأحيانًا تخرج أعصابنا عن السيطرة، ونعنفهم، ولكن لا تجعلوا هذا هو نمط الحياة بينكم، سيطروا على أنفسكم، ربوا أنفسكم أولًا، وعند تربيتها، تستطيعون تربية أبنائكم، وتذكروا، لو كنت فظًا غليظ القلب، لنفضوا من حولك.

ربوا أولادكم بالحب والرحمة والحضن، وليس بالغلظة والقسوة.

دس السم في العسل

قبل العمل ...

قبل الحلم ...

قبل الشغف ...

قبل الهدف ...

قبل بداية أي مشروع ...

قبل أي شيء تذكر أن ...

أي مشروع ...

أي حلم ... أي شغف ... أي هدف ... أي عمل دون التمسك بشرع الله

هو دس السم في العسل.

عندما مات أبي

كان أصعب وقت يمر على أي شخص في الحياة، حين تنزل عليك المصيبة، تتهيأ لنفسك أن الدنيا ستتوقف من أجلك، فتجد الشمس تشرق في ميعادها، والقمر يظهر في السماء، والحياة مستمرة، وحركة المرور لا تتوقف.

الخناقات المعتادة في الشوارع، والذين اعتادوا على الذهاب للعمل، تراهم يذهبون.

والذين يجلسون على المقاهي والكافيهات، ستجدهم جالسين.

كلٌّ يمشي في طريقه، فلا الحياة توقفت، ولا أقرب البشر أوقفوا حياتهم من أجل مصابك.

لذا، كن قويًا وخذ بيد نفسك، وتذكر أن كل ما هو مر سيمر.

دعها تشرق

دعها تشرق من جديد... ولكي تشرق نفسك...

لابد أن تحبها حبًّا حقيقيًّا...

وتحب كل ما هو منها، دعها تشرق...

وقف على أحزانك... وضغوطاتك... ومشاكلك... دعها تشرق...

ولا تجعل أحزانك وهمومك ومشاكلك...

هي التي تشرق... دعها تشرق، وقف على كل ما يؤلمك...

ولكي تشرق نفسك إشراقًا حقيقيًّا...

لابد من أن تأخذ إجازة عقلية... هل تعلم ما هي الإجازة العقلية؟

اذهب واقرأها كي تشرق نفسك من جديد.

ما قل ودل

نتكلم بلا توقف...

ونتحدث ثم نفكر...

فأصبحنا نتكلم بلا تفكير...

جعلونا نتكلم ونثرثر...

في كل وقت وفي كل حين...

تطل علينا كل يوم وجوه كثيرة ليس لديها وظيفة سوى الكلام...

في أي شيء كان...

تُقنعنا بألا نسكت...

أن نتحدث ونثرثر...

تُقنعنا بأن الكلام هو الحل...

جعلونا نتكلم حتى تهدأ أنفسنا قليلاً...

ثم نعود ونتكلم مرة أخرى...

فمن تعوَّد على الكلام...

يصعب عليه الصمت...

من قال إن الكلام في كل وقت هو الحل...

الكلام في معظم المواقف سبب للمشاكل، وسبب لتفاقمها. ما أغلى الصمت، وما أجمله! نحتاج أن نتعلم ونتدرب على الصمت. وليس المقصود أن نصمت طوال الوقت، ولكن الهدف هو أن تعرف متى تتكلم ومتى تصمت؟

في أغلب الأحيان، يكون الصمت هو الحل، وليس دائمًا، وإذا اضطُررت للكلام، فخير الكلام ما قل ودل.

في أغلب الأحيان، يكون الصمت هو الحل، وليس دائمًا، وإذا اضطُررت للكلام، فخير الكلام ما قل ودل.

تجنبوهم

كنت أسمع ولا أصدق...

أن هناك نوعية من البشر تُقدِّر الأشخاص الذين يحتقرونهم...

تقدِّر الأشخاص الذين لا يقدِّرونهم.

كنت أسمع وأكذب لأن ذلك منافٍ للفطرة...

حتى رأيتهم، رأيتهم لا يقدِّرونهم فحسب، بل ويدافعون عنهم، وإذا قالوا لهم سلامًا، ابتسمت الدنيا وضحكت لهم، وتغنوا للعالم أنهم قالوا سلامًا.

هؤلاء الأشخاص، إذا قدرتهم واحترمتهم، أهانوك، وإذا أهنتهم، احترموك.

لذا، تجنبوهم لأنهم غير أسوياء.

السوسة الخفية في صورة المرأة التقيّة

تجدها في كل عائلة

تجدها في كل وظيفة...

باختصار، تجدها في كل مكان.

امرأة ظاهرياً ملتزمة دينياً، وبداخلها مرض في القلب.

تخصصها الرجال أو النساء المتزوجون في العائلة أو في العمل. تجلس لتحكي قصصاً قد تكون حقيقية أو قد تكون من وحي خيالها. سرد القصة يكون بشكل معين، ليظن الرجل المغفل أو المرأة المغفلة أنه لا يوجد شيء تقصده هذه المرأة، وليس كل الرجال ولا كل النساء يدركون أن هذه المرأة لا تقصد شيئًا.

إنما هي تحكي لنا ما حدث مع زوج كذا؟ وكيف تصرفت زوجته؟

وكيف كان رد فعل زوجها؟ وكيف؟ وكيف؟ وكيف؟

وكم يعطيها من المال؟ وكم تصرف؟

ومقارنات ليست في محلها وليست في وقتها.

الغرض هنا هو تغيير القلوب، وإنشاء مشادات بين الزوج والزوجة.

نصيحة للسوسة الخفية...

انشغلي بنفسك وتذكري أن الله يحاسب ويجازي على النوايا، وما تخفي الصدور، وليس على الأقوال، كوني امرأة نقية...

حتى لا تجدي مع زوجك أو زوج ابنتك أو مع زوجة ابنك، في يوم ما، سوسة خفية في صورة إمرأة تقية.

موعد خاص جدّا

في كل صباح، أنتظر هذا الموعد، فهو الموعد الذي يهون عليّ كل مصاعب الحياة...

يأتي الليل، وأنا أنتظر بفارغ الصبر قبيل الفجر حتى أقابل حبيبي...

ينتابني شعور من الحب، ولكن ليس كأي حب، فهو الحب الذي يجدد الأمل في الحياة، ويبعث الطمأنينة، فهو الموعد الذي ينسيني كل الهموم التي حدثت...

هدوء، سكينة، راحة، طمأنينة...

أشعر وكأن الدنيا كلها قد سجدت، فهذا اللقاء يجعلني أقبل صباح اليوم التالي وأنا قادرة على مواجهة تحديات الحياة، فهو الموعد الذي يجدد الطاقة بداخلي.

أتحدث مع الحبيب فيسمعني، وأشكو إليه ولا يمل مني، فهو حقًّا من يستحق أن يكون حبيبي ...

إنه موعد خاص جدًا ... إنه موعد مع الله.

أيها القارئ، خاطرتي ...

أدعوك أن تجرب هذا الموعد، فإن جربته مرةً لن تستطيع الاستغناء عنه، ولكن أرجوك لا تنساني من دعائك في ذلك الوقت المبارك الذي قيل فيه:

سهام الليل التي لا تخطئ.

أموات الغد

الحياة ستستمر بعد موتك، مثلما استمرت بعد موت الآخرين.

تصدق على نفسك، واصنع لنفسك صدقات جارية، وأنت على قيد الحياة.

أغلى وأحب الناس إلى قلبك ستشغلهم الحياة، ستأخذهم الحياة رغم أنفهم، ومع مرور الأيام ستصبح ذكرى كلما تذكروك قالوا: رحمة الله عليه/عليها، إنها سنة الحياة.

نحن لا نعرف حال من هم في القبور، والقبر حقيقة لا مفر منها

اصنع صدقات جارية على روحك وأنت على قيد الحياة، لا تنتظر صدقات من أحد.

اسعَ وأنفق في الصدقات الجارية على روحك وتذكر أحباؤك الذين فارقوا الحياة بصدقة جارية ربما يكونون في أشد الحاجة إليها وأنت لا تدري.

أذكرهم بدعوة وبصدقات، حتى وإن شغلتك الحياة عنهم، تصلهم الصدقات ولا تنسى نفسك من الصدقات.

الكل يذكرنا بالصدقات الجارية على الأموات، ونسوا أن يذكرونا بالصدقات الجارية على أموات الغد، وهم نحن.

إذا ذهبت، لن تعود

أحب النظافة، وأحب الترتيب والنظام جداً.

كنت كلما رأيت ذرة من التراب أفزع وأقوم بإزالتها وتلميع المكان، وقبل خروجي إلى أي مكان، كنت أستمتع بالنظام

والنظافة وأحب أن أترك الشقة مرتبة ومنظمة حتى عندما أعود. أحبها هكذا، وأجدها منظمة، لكنني أظل في ضغط وإرهاق، وأضيع اليوم ومجهودي في الترتيب والنظام والنظافة، وقبل الخروج بنصف ساعة، أجهز نفسي وأنا منهكة جداً، فيكون الخروج بلا متعة، حتى مرت سنوات،

فقلت: ما الذي أنا فيه؟

يمر العمر، والتراب مستمر والفوضى في المنزل ستستمر طالما فينا أرواح، ولطالما عندنا أبناء.

صحتي لم تعد كما كانت، والتراب مستمر.

اليوم ينتهي بعد التنظيف، وفي اليوم الثاني تجد التراب مرة أخرى والفوضى كما هي، لذا أصبحت أستمتع أكثر بالحياة.

وما الذي يجري إذا ذهبت إلى أي مكان والمنزل به كركبة وفوضى؟

أستمتع وأرجع من الخروج، ولم أنظم ولم أرتب لأني متعبة، وأنام وأرتب في اليوم الآخر.

وعلى أقل من مهل، ما الذي سيحدث؟ لم يحدث شيء، بالعكس، هدأت نفسي.

لذلك أرادت أن تعيدوا حساباتكم قبل مرور العمر.

استمتعوا بالحياة أكثر.

اتركوا الفوضى في المنزل، فالتراب سيبقى مستمرًا ما دمنا أحياء. أحبوا النظام والنظافة، لكن صحتكم وأنفسكم أولاً، فعمركم إن ذهب لن يعود.

معلش

عندما نريد الهروب من موقف أو مشكلة، نهرع إلى كلمة معلش

دون الخوض في المشكلة نفسها.

نريد أن ننهي الموقف بسرعة، فنقول معلش.

ما فائدة معلش؟ وتقولوا معلش، لماذا؟

لماذا لا تحلون الموقف؟

نتحدث ونتناقش بدون معلش.

لا معنى لها،

معلش.

على أي شيء تقولها ولماذا؟

وبعد يومين ، 10 ، 15، 20 لا يوجد تغيير.

أرجوكم حاولوا أن تجدوا لكلمة معلش بديلًا.

مثلاً، يمكن تغيير أسلوبكم وأخلاقكم وطريقتكم، لكن معلش من دون تبرير.

لا، نحن لا نتقبلها ولا نريدها، طالما أن الخطأ سيظل على لسانكم،

ولسانكم سيظل طويلاً، ولا يوجد في سلوككم ذرة تغيير.

كاذب أنت وكاذبة أنت

أنا أب ناجح، وأنا أم ناجحة.

أولادي يحبونني جدًّا، ويعشقون أن أكون معهم، ويعشقون وجودي في المنزل، وكم عمر أبنائك؟ 3 سنوات و4 سنوات؟

لا تحكموا إلا إذا أضفتم رقم 1 بجانب تلك السنوات، وكانت هذه هي النتيجة بالفعل عندما يكون أبناؤكم أعمارهم في سن 13 سنة أو 14 سنة فما فوق، احكموا على نجاحكم كأم وكأب.

هل ما زال أولادكم يتقبلون آراءكم؟ هل يحبون الجلوس معكم، أم أصبحوا ينفرون من طريقتكم وطريقة حديثكم؟

كما أنتم دائمًا تشكون منهم، لقد أصبحت أعصابكم تتوتر كثيرًا بسبب تصرفاتهم غير اللائقة معكم.

جيل صعب، جيل متعب حقًّا، لكن سأخبركم سرًّا.

سأخبركم سر نجاح علاقتكم مع أولادكم.

قال الله تعالى في كتابه العزيز «فَبِمَا رَحْمَةٍ مِّنَ اللَّهِ لِنتَ لَهُمْ ۖ وَلَوْ كُنتَ فَظًّا غَلِيظَ الْقَلْبِ لَانفَضُّوا مِنْ حَوْلِكَ ۖ فَاعْفُ عَنْهُمْ وَاسْتَغْفِرْ لَهُمْ وَشَاوِرْهُمْ فِي الْأَمْرِ ۖ فَإِذَا عَزَمْتَ فَتَوَكَّلْ عَلَى اللَّهِ ۚ إِنَّ اللَّهَ يُحِبُّ الْمُتَوَكِّلِينَ»(159)

اقرأوا هذه الآية مراتٍ عديدة، فهي السر.

إياك أن يأخذ ربعه

نحن في مجتمع يعتمد في كل موقف من المواقف الحياتية على الأمثلة الشعبية، فلها في مجتمعنا سحرها الخاص، فعندما نقوم بصنع أي شيء ليس من تخصصنا، وعند إتمام صنعه، نجد نحن ومن حولنا أنه ليس بنفس الجودة التي يصنعها أهل التخصص والمهنية في هذا المجال...

فيقال لنا هذا المثل العامي: أدي العيش لخبازه ولو أكل نصفه، فأنا لستُ من أنصار ما يعنيه هذا المثل، لطالما أعطيت الشخص حقه مقابل ما صنع، فلا تتنازل عن ذرة من حقك، ولا ترضَ أن تأخذ شيئًا ناقصًا.

صححوا هذا المثل في أذهانكم وأذهان أبنائكم

أعِدْ العيش لخبازه، وإياك أن تقبل أن يأخذ حتى رُبعه، إياك.

المغفلين

القانون لا يحمي المغفلين.

هذا المثل من الأمثلة الأكثر انتشارًا.

كلنا نفهم معناه، ولا نكتفي بذلك بل نرسخ هذا المثل وما يعنيه في أذهان أولادنا.

رسخوا في أذهان أبنائكم هذا المثل، ولكن لا بد أن يعلموا أن هذا هو قانون الدنيا، وأنه يوجد هناك قانون آخر مخيف وأقوى وأكثر تأثيرًا.

علموهم أن الله يحمي المغفلين الطيبين وينتقم من الذين قاموا باستغلالهم واستغفلهم، حتى لا يقوم أحد باستغفال أحد أو استغلال طيبة أحد.

ويعلموا أن هناك إله واحد أحد لا يقبل الظلم ولا يرضى به.

وحتى يعلموا ويتعلموا أن يأخذوا جميع احتياطاتهم، حتى لا يستغلهم ولا يستغفلهم أحد، وإن حدث... فالقانون لا يحمل المغفلين، هذا هو قانون الدنيا.

أما قانون الآخرة، فإن الله يحمي المغفلين، وينتقم ولا ينسى.

فيكون أولادكم أقوياء بإيمانهم.

علموهم أن دعوة من اُستغفل مستجابة، لأنه يكون مظلومًا...

علموهم أن الله يحمي المغفلين الطيبين.

لا تصفق

يد واحدة لا تصفق (يد لوحدها متصقفش).

هذا المثل يكاد يكون محفورًا في أذهاننا، ودائمًا نردده لأطفالنا، ونرسخ في داخلهم أن أي شيء في الحياة من المستحيل أن ينجح بدون تعاون، وبدون وجود مجموعة من الأشخاص يقومون بهذا العمل بشكل جماعي، فإن لم تجد هؤلاء الأشخاص، فمن المستحيل العمل بمفردك.

فلنفكر قليلاً، ولنتخيل معًا، إذا كنت تملك يدين، فلنخبئ يدًا وننظر إلى يد واحدة فقط. حاول معي أن تصفق بها، لا تنظر إليها، بل حاول، إذا أطبقت يدك وفتحتها مرة بعد مرة سوف تسمع لها صوتًا وإن كان بسيطًا، وإذا كنت تريد صوتًا أكبر وأقوى، عليك أن تضربها على قدمك، فسوف تسمع صوتًا أقوى وأقوى.

إذا كانت يد واحدة تصفق عاديًا، وإذا لم تجد من يساعدك ويتعاون معك تستطيع أن تفعل ذلك بمفردك.

علموا أولادكم ألا يستسلموا، وأن اليد الواحدة تصفق عاديًا بطرق مختلفة، وقد تكون أقوى وأكثر تأثيرًا من اليدين معًا.

علموهم أن هناك يدًا واحدة لم تكن بمقدورها أن تصفق، بل كان بإمكانها أن تفعل أكثر من ذلك.

فقد حمل جعفر بن أبي طالب يوم مؤتة راية النبي صلى الله عليه وسلم بيساره بعد أن قطعت يمينه.

وكم من معاق لا يملك حتى يدًا واحدة وأصبح من المشاهير مثل نيك فويتتش، وكم من معاق خلد التاريخ ببطولاته.

فعلاً، يد واحدة لا تصفق، بل يمكن أن تفعل ما هو أكثر من ذلك.

لا تورثوا هذه المفاهيم الخاطئة، صححوا هذه المفاهيم بداخلكم وبداخل أبنائكم.

41

النظر للأعلى

"اللي يبص لفوق يتعب"

لقد عشنا بهذا المثل الذي جعلنا نشعر أن الحياة الطبيعية هي أن ترضى بما أنت فيه، ولا ينبغي أن تنظر إلى من هم أعلى منك ماديًا؛ حتى لا تتعب..

توقفوا عن بث هذه الكلمات التي لا ينتج عنها سوى جيل معاق لا يتحرك من مكانه يظل سنوات، بل قد يموت وهو مثل ما هو عليه علموهم قول رسول الله صل الله عليه وسلم حينما قال:

عَنْ سَعْدِ بْنِ أَبِي وَقَّاصٍ رضي الله تعالى عنه قَالَ: "قُلْتُ: يَا رَسُولَ اللَّهِ، أَنَا ذُو مَالٍ، وَلَا يَرِثُنِي إِلَّا ابْنَةٌ لِي وَاحِدَةٌ، أَفَأَتَصَدَّقُ بِثُلُثَيْ مَالِي؟ قَالَ: لَا، قُلْتُ: أَفَأَتَصَدَّقُ بِشَطْرِهِ؟ قَالَ: لَا، قُلْتُ: أَفَأَتَصَدَّقُ بِثُلُثِه؟ قَالَ: الثُّلُثُ، وَالثُّلُثُ كَثِيرٌ، إِنَّكَ أَنْ تَذَرَ وَرَثَتَكَ أَغْنِيَاءَ خَيْرٌ مِنْ أَنْ تَذَرَهُمْ عَالَةً يَتَكَفَّفُونَ النَّاسَ" مُتَّفَقٌ عَلَيْهِ.

علموهم واحفروا في رؤوسهم أن تذر ورثتك أغنياء خيرًا من أن تذرهم عاله يتكففون للناس بثوا في عقول أبنائكم السعي والاجتهاد والعمل الحلال

علموهم أننا في ديننا نستعيذ من الفقر في اليوم ثلاث مرات في الصباح وثلاث مرات في المساء، علموهم أن ينظروا إلى أعلى دون حقد ودون حسد وأن يجتهد ويتركوا جميع الأبواب لتحقيق أحلامهم

علموهم أن الذي يتطلع إلى الأعلى سيصل حتمًا إن لم يحمل بداخله أي حقد أو حسد.

اللقاء الصامت

هو اللقاء الذي يحدث في العمر مرةً أو مرتين أو ثلاث مرات.

أيًا كان عدد المرات، فإنه يمكن أن يعد

لقاء عندما يكون من حولنا عشرات الأشخاص والأصدقاء، وذهنك يشرد، فتتذكر ذكريات جميلة مع أشخاص معينة، فتبتسم في صمت، وينتهي اللقاء عندما تسمع اسمك من الذين يجلسون من حولك للمرة الثالثة، وهي بالنسبة لك المرة الاولي.

احتفظ بذاتك

في زمن كثر فيه التشابه

في زمن كثرت فيه النسخ المكررة

من النساء...

تطل علينا إحدى المشاهير

بشكل معين فسرعان ما ينتشر شكلها

في الشوارع والميادين

احتفظِ بذاتك وتمييزك خذي

ما يناسبك فقط

واضيفِ طابعك الخاص

ولا تنسِ دينك

فهو قبل كل شيء

نحب الحياة

45

رغم ما بها من متاعب وأحزان، نحب الحياة رغم ما بها من صعوبات، نحب الحياة؛ لأننا نحب أنفسنا، نحب الحياة، وسنظل نحبها رغم الصعوبات، المتاعب، الهموم، الأحزان، ونحب الصباح ونحب المساء، فنحن نحب الحياة على أمل أن تكون حياتنا أفضل من ذلك، وستكون بإذن الله؛ لأننا نحب الحياة.

قبل أن تطلقوا الرصاص

غضب الجميع وفي نفس اللحظة امسكوا أسلحتهم وأطلقوا الرصاص.

أخذوا يطلقوا ويطلقوا..

دون أن ينظر أحد أين يُطلق هذا الرصاص؟ وفي أي مكان يُصيب؟ ودون أدنى تفكير، حتى فرغت مسدساتهم من الرصاص، وهدأت أنفسهم....

وفجأة...

وجدوا الدم في كل مكان...

وكلًا منهم أصيب بجرح كبير...

ومنهم من مات...

ظلوا يركضون إلى المستشفيات...

حتى يعالجوا الجروح...

جروح من أصيب...

ويحاولوا إحياء من مات...

لكن دون جدوى....

حتى وإن خيطت الجروح على يد أمهر أطباء في هذا العالم.

سيبقى الجرح يؤلم...

وسيبقى أثره....

ومن مات لم يحيا مرة أخرى...

مهما فعلوا سيكون جسدًا فقط أمامهم بلا روح، لذا..

كونوا حكماء قبل أن تطلقوا الرصاص على من حولكم..

تحكموا في أسلحتكم قبل أن تفرغ من الرصاص....

شتان بين إطلاق الرصاص، ثم تهدأ أنفاسنا

وبين أن تهدأ أنفسنا، ثم نقرر أن نطلق الرصاص، فعندها فقط ستظل أسلحتنا

برصاصها كما هي ..

ولم تحدث أي خسائر لنا أو لمن حولنا

الرصاص = الكلمات

مستشفيات الأطباء= معلش.. وأسف لم أقصد.

أنت قادر

أنت قادر على إحداث تغيير في هذا العالم، حتى وإن كان هذا التغيير صغيرًا، فكل صغير لا بد أن يأتي يوم ويكبر، طوِّر ذاتك، تعلم ثم تعلم ثم تعلم، ثم اعمل، ثم تعلم وتعلم، فالتعليم هو أقوى سلاح أسعى لتحقيق ما تحب.

أذكرك أن أفضل شيء تفعله هو أن تترك أثرًا ينفع غيرك في حياتك، والأهم أن ينفعك بعد مماتك.

دعوة لا نحبها...

عندما يكون لديك مشوار في الصباح، لابد من إنجازه...

لا تستطيعين أن تستيقظي من النوم...

ويكون ثقيلاً ذلك المشوار...

الذي تصفينه بكل الصفات القبيحة...

لأنه أيقظك من نومك قبل ميعادك، وهو بعد الظهر...

ثم عندما تخرجي في الصباح....

وتشمين الهواء النقي.....

وتتمشين في الشوارع....

تشعرين أنكِ كنتِ حقًا ميتة...

تشعرين بطاقة وكأن روحكِ عادت إلى جسدك...

تفاؤل... سعادة بدون سبب، طاقة إيجابية...

إنها دعوة للاستيقاظ مبكرًا...

ففي الاستيقاظ مبكرًا حياة حقيقية...

حتى وإن لم يكن لديك مشوار في الأساس...

ستجدين يومك مليئًا بالوقت لإنجاز الكثير من الأشياء...

لا تسمحي للنوم بعد الظهر أن يسرق منك حياتك...

دون أن تصبحوا أعداء

ضحكوا على عقولنا قديمًا وقالوا لنا:

الاختلاف في الرأي لا يفسد للود قضية...

لكن الاختلاف في الرأي في مجتمعنا سبب كل القضايا...

وسبب كل المشاكل...

رغم أنني أرى في الاختلاف جمالًا...

وأننا حقًا بحاجة لتقبل الاختلاف...

ولكن أجد الآخرين يتخذون الشخص المخالف معهم في الرأي

على أنه عدو، عدو، عدو، نفقد ثقافة الاختلاف والحوار، وليس لها علاقة بالثقافة والتعليم، فكثير من المثقفين والواصلين إلى مراحل تعليم عالية يمتلكون الجهل في الحوار مع الطرف المخالف لهم في الرأي، وهنا يسقط كل تعليم وكل ثقافة.

أنا أرى أن من يستطيع أن يختلف مع الآخرين دون مشاكل، ودون أن يأخذ الاختلاف كعداء، فهو يملك ثقافة نادرة يفتقدها الآخرون.

أتمنى أن تُضاف مادة في التعليم تحمل اسم: كيف تختلف مع الآخرين دون أن تصبحوا أعداء؟

اختلفوا مع الآخرين بحب، تعلموا ثقافة الحوار وتدربوا... تدربوا على الاختلاف.

اقبلوا الرأي المخالف لكم بحب، وطبقوا هذا المثل قبل أن تنطقوا به: الاختلاف في الرأي لا يفسد للود قضية.

اطمئن

51

نظرة واحدة

في كل مشكلة تمر عليك...

في كل أزمة...

في كل ضيق...

في كل ابتلاء...

فقط نظرة واحدة

إلى السماء والنجوم

نظرة واحدة...

لتعرف أن الأمر أكبر منك بكثير، فاطمئن.

فلنجعلها نبرة صوت واحدة...

52

تحدثوا مع عاملة النظافة... السائق...

مساعدة المنزل...

بنفس الطريقة التي تتعاملون بها مع المدير...

بنفس الأسلوب...

بنفس نبرة الصوت...

اجعلوها نبرة صوت واحدة...

فليس عدلاً أن تغيروا نبرة أصواتكم...

مع مسميات مختلفة، ولكنهم في النهاية جميعًا بشر.

فلنجعلها نبرة صوت واحدة.

صحي النوم الباقي يستاهل

حبيبتي التي لم أرها، مهما بلغتي من العمر، ما زال هناك وقت.. وهذا الوقت ثمين... يكفيك ما مضى، فقد بقي من العمر ما بقي... لم أحد يعلم كم بقي من عمره... قد يكون عمرك 20 عاماً، وباقٍ لك عامين فقط أو يومين أو ساعتين في هذه الحياة... دون أن تدري، وينتهي أجلك... وقد يكون عمرك 50 عاماً، وباقٍ لك من العمر 20 عاماً لكي ينتهي أجلك... أتمنى أن يكون قد وصل مقصدي...

فلو كان عمرك 20 أو أقل أو أكثر من 50، تذكري أنها ليست بالعمر أبداً... ما دمنا نتنفس، فلنتعلم ونعمل ونسعى.

لقد حان الوقت لتبحثي عن شغفك وهوايتك...

وأن تبدئي مشروعك الخاص، وأن تتركي أثراً...

أن تستخدمي هاتفك فيما ينفع، كفانا هراء...

قبل أن تتركي الحياة، ولو كان أجلك في الغد....

الباقي من العمر يستحق...

اتركي أثراً، وانفعي غيرك بأي شيء...

ابدئي من الآن، واجعلي اليوم هو بداية للتغيير...

صحي النوم الباقي يستاهل

رفقا بنفسك...

لن تحصلي على جائزة الأوسكار لمجرد أنكِ إمرأة مثالية...

لا تقعي في الخطأ...

إمرأة ليس لديها عيب...

ستعيشين عمرك كله تحت ضغط...

حتى لا يكون بكِ عيب، حتى تحصلي على لقب "الذي لا يوجد مثلها"...

ومع أول اختلاف بينك وبين الأشخاص الذين تحاولين إثبات ذلك لهم...

يسقط هذا اللقب وتصيرين إنسانة مليئة بجميع عيوب الدنيا...

فرفقاً بنفسك وكوني إنسانة عادية... لا تحاولي أن تكوني مثالية، لا تتحملي نفسك فوق طاقتك...

نحن بشر.

إيّاك والبشر

والله مهما فعلتَ....

ومهما بذلتَ....

ومهما حاولتَ....

ستبقى شخصًا مقصرًا....

شخصًا به الكثير من العيوب....

شخصًا قد يُعتبر سيئًا يومًا ما....

في لحظة ما....

وسينسوا كل ما فعلته....

وما بذلتَ... وما حاولتَ....

لذا إذا فعلتَ... وإذا بذلتَ....

وإذا حاولتَ....

فاجعلها خالصةً لله ولا تبالِ، فإنهم بشر.

قل "لا" ولا تخجل

أكثر الناس استغلالًا هم أكثرهم مالًا.

نادرًا ما ترى فقيرًا يريد استغلال شخص ما.

إن حاول هذا الشخص الفقير استغلال أحد.

فلن يقبل أحد بذلك وسيتصدى له بكل قوة.

لذا، إذا حاول أصحاب المال أو المنصب استغلالكم.

قولوا 'لا' ولا تخجلوا.

فإنهم حقًا...

إذا استغلوا، يستغلون بكل وقاحة.

فكما أنهم يستغلون بكل وقاحة.

قولوا "لا" ولكن بكل أدب.

نبذة عن عمر الأربعين

مرت أربعون عامًا...

كأنها 40 دقيقة من عمري...

عندما يسألني أحد: كم عمرك؟

أجيب: 18 سنة، ٢٢ سنة، ٣٣ سنة، ٣٩ سنة، وفي الطريق إلى 40 عامًا...

لم أعرف كيف مر العمر بهذه السرعة الجبارة؟!

فلنتجاوز هذه النقطة الآن...

كنت حقًّا أظن أن من بلغ هذا العمر، سواء كان رجلًا أو سيدة، فإن لديهم فكرًا مختلفًا، وأنهم مقبلون على الآخرة... و... و...

حتى وصلت إلى هذا العمر، وجدت نفسي كما أنا في عمر 18 سنة، لم يتغير شيء... سوى عمري... وبعض ملامحي... أما الذي تغير كثيرًا جدًّا، فهو فهمي وإدراكي لكثير من الأمور...

أما إذا أهداني أحد شوكولاتة، أطير فرحًا و أنا في عمر 40 عامًا. أحب أن أذهب للنزهة، وأركب الملاهي، وأستمتع، وأتناول الحلوى، وأشعر بالسعادة تغمرني عند اقتنائي بعض الملابس الجديدة، أو حذاء، أو حقيبة، أو رباط شعر، أو مكياج، وغيرها من هذه الأشياء.

كما أن كلمة أنتِ جميلة تجعلني أفرح، وكأنني في عمر الثمانية عشر عامًا، لم تتغير المشاعر أبدًا، لم تكبر؛ هي كما هي.

ولكن في عمر الأربعين، هذه لمحة لمن هم في عمر 18 عامًا وما فوق، لمعرفة كيف يتعاملون مع أمهاتهم وآبائهم وأقاربهم، ومن هم في عمر الأربعين أو أكثر.

أرواحكم أهم

لم أرَ شيئًا يُبدّل الملامح ويضعف العمر...

ويمرض الجسد بلا سبب...

مثل الهم والحزن...

لم نستعذ منهم يوميًا في الأذكار من فراغ

ثلاث مرات في الصباح... وثلاث مرات في المساء...

أبعد الله عنكم الهم والحزن

وأبدلهم بالفرح والسعادة. لا تتركوا الأذكار...

واتركوا وابعدوا عن كل ما يسبب لكم

الهم والحزن...

ملامحكم وأجسادكم وأرواحكم أهم.

للتذكرة...

حبيبتي، اكتبي هذا النص واحتفظي به دائمًا...

لا تنسِ وأنتِ تسيرين نحو تحقيق أهدافك، أن تتوقفي بين الحين والآخر؛ لتري وتقيمي ما فعلتيه، وما تم تحقيقه من إنجازات، وأن تحتفلي بأبسط إنجازاتك...

حبيبتي، تذكري...

أن الحياة ليست مجرد الوصول لتحقيق ما تريدين من أهداف...

ففي الطريق إلى تحقيق أهدافك، هناك رحلة تعلم...

نتعلم منها الكثير...

أتمنى أن تظلي طموحة كما أنتِ، شغوفة لتحقيق أهدافك...

وتأكدي أن الحياة لا تسير دائمًا كما نحب...

فهناك الكثير من العقبات التي ستواجهك، وكثير من التحديات، فكوني قوية ومؤمنة بقدراتك.

ستصلين إلى أهدافك، وليس من الضروري تحقيق الأهداف بسرعة. يكفي أنك ما زلت تحاولين، وإن كانت خطواتك بطيئة، فلا يهم، استمري ولا تتوقفي. وتأكدِ أنك ستصلين إلى ما تريدين، ما دمتِ مؤمنة بالله وبقدراتك، ومستعينة بالله، وقد أخذتِ بجميع الأسباب.

الخاتمة

في نهاية كتابي العزيز... أوصف كتابي بالعزيز؛ لأنه حقًا عزيز على قلبي... أحبّه وأحب كلماته... وأحب صفحاته... إنه كتابي... وكل ما هو مني هو عزيز على قلبي... أحببت أن أختتم بهذه الكلمات... كي أذكّركم بأن تعتزوا بأنفسكم، بأفكاركم... بأحلامكم... بمشاعركم... بكل ما هو لديكم، اعتزوا بكل ما هو منكم، وقدّروا أنفسكم حق التقدير... فهي تستحق ذلك، رغم أنف المعترضين والمحبطين والحاقدين.

المحتويات